Govanhill

Beul-aithris (

Shane Johnstone

Govanhill Mythology
By Shane Johnstone

© Shane Johnstone

ISBN: 978-1-912092-36-9

First published in 2024

Published by Palavro, an imprint of
the Arkbound Foundation (Publishers)

No part of this publication may be reproduced, stored in a retrieval system, or transmitted, in any form or by any means without the prior permission of the publisher, nor be otherwise circulated in any form of binding or cover other than that in which it is published and without a similar condition being imposed on the subsequent purchaser.

Palavro is a social enterprise that aims to promote social inclusion, community development and artistic talent. It sponsors publications by disadvantaged authors and covers issues that engage wider social concerns. Palavro fully embraces sustainability and environmental protection. It endeavours to use material that is renewable, recyclable or sourced from sustainable forest.

WORLD
LAND
TRUST™

www.carbonbalancedprint.com
CBP2278

Arkbound
Rogart Street Campus
4 Rogart Street
Glasgow, G40 2AA

www.palavro.org

Govanhill Mythology
Beul-aithris Chnoc a' Ghobhainn

Shane Johnstone

palavro
PUBLISHING

Chuidich Comhairle nan Leabhraichean am foillsichear le cosgaisean an leabhair seo.

Supporters

The publication of this book was enabled through a
dedicated crowdfunding campaign on Crowdbound.org.
Among the many supporters, we are particularly grateful to:

Helen Flockhart
Eva Flockhart
Stiùbhart Beinneach
Chris Davey

With special thanks to:

Steve McNaught
Peter Thomson
Rebecca Thomson
Henry Bell
Viktor Korpi-Kardell
Tòmas MacAlpein
Louise Dautheribes

Ath-leasachadh

Cha robh e cho pròiseil uair –
am Brat-chrann, àird' a' Chinn a Deas –
ro spiricean anneartach an oilthigh',
imcheist sgorran an Àrchair
agus colbhan an-trom Iain a' Chnuic.
B'e tabhartasan fo anail a chànan,
faoileagan fòirneartach aona bhratach,
an sgreadail na gairm uachdarachd thar chàich.
Mu dhà bhliadhna bhuaithe:
sgàin an sruth de chafaidhean cliùiteach,
a dh'ath-dhùisg cridhe nach robh
buileach marbh fhathast.
Dh'èirich an Taobh a Deas.
Bhoillsg fiamhan-gàire nam màladairean àghmhor'
na bu ghleansaiche na beòil ghoirt
nan daoine gun dachaigh, fhathast nan laighe
ann am feur fada na sgìre
mar mhèinnean-talmhainn
an aodannan mar ìomhaighean aognaidh
sgriosta gu slaodach
anns an fhòirneart mhaireannach.

Caolraid is frith-rathad
a bha falamh mar chuislean millte,
air an ath-leasachadh, air an ath-lìonadh
a' tabhann am fala don phàirc,
cridh' a' Chinn a Deas
suas chun an lùb gach rathad.
Thachd postairean nan tidsearan-iòga
agus an luchd-iomairt àrd-litearra
na *menchees* uile-thìmeil.
Bha e mar 's gun do shluig
gach mac-màthar faclair slàn.

Govanhill Mythology

An-diugh
aig a' chrann-bhratach
tha na sgòthan glasa air thoiseach oirnn –
nan sìneadh mar ghàirdean seanar foirfe
(bhiodh fàile dheth mar thoit na pìoba) –
na chomharra, gun tig àbhaisteachd
aig deireadh cearcaill, gun tig glaise
leis a' ghaoith. Fodha san fheur fhada
tha na starragan a' stampadh, a' dèanamh
co-fheall, a' feitheamh ri boiteagan.

Ma chuireas tu cùl ris an Oilthigh
's ri Iain, chì thu faileasan
mhuileannan-gaoithe grànnda
air fàire, a' sluigeadh adhair is eòin,
gam bleith gus *Netflix* a neartachadh.
Às dèidh dhut sealltainn air smeòrach
a' faighinn bàs aig astar
's urrainn dhut tilleadh dhachaigh
agus bobhla brota blasta a ghabhail,
ach starrag churs dhubh a' marbhadh
boiteag bhochd phinc a' teicheadh
às a tholl fo uisge?
Fàgaidh na seallaidhean sin
droch bhlas sa bheul.

Shane Johnstone

Reformation

It once cowered – the Flagpole,
the Southside's summit – before
the tyrannical spires of Glasgow
University, the incongruous
Arrochar Alps and the great
looming columns of Auld John's
Necropolis. Muttered
offerings were its language,
threateningly perched seagulls
its only flags, screeching
the confidence of apex scavengers.
About three years ago the
current of increasingly clever cafés
and specialised take-aways
suddenly surged!
defibrillated a heart
that hadn't quite stopped yet.
The Southside woke. Smiles
of seemingly thriving renters
glowed brighter than the sore
mouths of the homeless people,
still peppered through
the long grass of the façade
like unactivated mines, their faces
like statues, obliterated slowly
in the centuries' long violence.
The lanes and paths, once
empty as collapsed veins,
refilled, reformed and pumped
blood to the park, where all roads
lead up and up. Posters of yoga
tutors and highly literate
political groups smothered menchees.
The whole place seemed
to articulate mantras, to have
sipped a dictionary smoothie.

Govanhill Mythology

Today at the Flagpole,
grey clouds ahead, reach out
like the arms of an ideal grandfather
(who would smell of pipe smoke),
a sign; that things are cyclical,
greyness will come and go.
Down in the long grass
crows are stamping, plotting,
waiting for worms. If you
turn away from the uni
and the Necropolis, the horizon is all
hulking windmill silhouette gulping
air and birds, grinding energy for Netflix.
After watching the pinprick of a goose
die from afar I can go home and eat
a bowl of chunky soup. But a hard
crow skewering a poor soft worm
as it struggles away from its
rain flooded burrow? These
sights leave a bad taste in the mouth.

Shuas An Seo

chithear pòitearan a' spùtadh
à dorsan taigh-seinnse Uí Cheallaigh
mar dhomlas à beul. Ceithir ùrlaran fodha
cha mhòr nach fhaicear uallach
an dualchais mar chruachan-mòna
a' cnàmh-losgadh air an aigne.
Nì an gogan agus toit cuisle
a shnàigeas suas a-steach dhan uinneig
agus cadal a' gheòidh agad. Uair
air uair bidh pub Uí Cheallaigh a' casadaich
agus a' tarraing nan slugairean air ais
gus dùnadh nam for-uinneag
agus an sadail a-mach mar smugaid
mu mheadhan-oidhch', gu dìreach
dhan t-siopa sceallóg far am bi
na drongairean a' gabhail anail olach
agus a' tòiseachadh air caismeachd an doill
dhachaigh. Leigidh co-dhiù dithis
an dòrainn chianalach on ghlùn
thairis air doras a' chlobhsa. An ath là
air an t-slighe gu Sgoil an Naoimh Bríde
gabhaidh sinn timcheall air a' mhùin ghoirt
san dol seachad air a' bhus gu Gaoth Dobhair
a' pìochaill taobh a-muigh a' phub.

Govanhill Mythology

Up Here

you see the doors of Kelly's pour
its innards – limp day-drinkers –
to the street like bile from a mouth.
Four floors down
you can almost see the generations
sitting on their spines, heaped
like stacks of smouldering peat.
Cackles and fumes form a nerve that slinks
up and enters the window as you try to sleep.
Hour by hour Kelly's coughs
and draws the drinkers back in
'til its windows start to dim and inch down.
Quarter-to-twelve it grogs its last
for the night, right into the chippy
where the fissling frequenters breathe
oil and fat and begin the stumble home.
At least one reeking reveller takes the time
to empty all those generations of cortisol
from Donegal to Govanhill on our close door.
The next day, on the way to Saint
Bride's school, we step around the stale pish
and pass the express bus to Gweedore,
wheezing as it waits outside Kelly's.

Òraid-mholaidh

Do Dhànaidh Martin

Stobte ann an cùil
taigh-seinnse Uí Aireachtaigh
a' togail ùpraid cheòlmhor mhodhail
is fidhlear gioball bogsair tadhg sinn,
ceathrar a' chrannchuir Eòrpaich
a' leigeil loidhne eadar Dùn Èideann,
an t-Suain, an Ungair, Glaschu.
Nar gliogairean, theab sinn cluich
an achlaisean a chèile. Sa chùil eile
tha còmhlan an taighe, cuirp stalcanta
na ceàirde, mòlltaichte don àite
mar eidheann do ròd crìonach.
Tha gach cluicheadair na chathair,
cofhurtail nan ceòl-dùthchail bailteach
nan diasganaich fhèin-ionnsaichte
an anail ga stobadh tro sgamhan claoidhte.
Tro onghail a' *Bhig Strong Man*,
tha guth fear a' bhàr a' tolladh:
'*Richt, RICHT evrib'dy*'.
Joe Sharkey...Joe
wis one ae a faimlie
a' seven. Eh k'm aer
when eh wis eight
yeers auld an could only
speak Irish. Ah first met um...'
Tha beul Dhànaidh na thùs
òraid-mholaidh loma-làn
beul-aithris, mion-fhiosrachadh
a' bhaile, a' Bhràthar

```
Govanhill Mythology
```

na h-Antaidh, na Seanamhar
neònachan a' bhaile-tharsainn
na bha cudromach
dhaibh. Nar n-oisean saoghalta
tha ar corragan luasganach,
gun cuir sinn piseach air an àite
gum bog sinn e
nar n-eòlas domhain òg.

Two Bands

For Danny Martin

Crammed in the corner of
Heraighty's respectfully blasting
tasteful instrumentals, we are
mongrel virtuoso fiddler troubadour
furiously trained accordionist. A splattering
of Europe's mobility from Edinburgh
to Sweden to Hungary.
Our bodies are lanky and sort
of fit around each other. In the
other corner is the house band.
They have solid frames made by trades,
this place is contoured to them
like ivy around a crumbling stone cross.
Each player takes up their usual
space, comfortable with their country
classics, ham-fisted strums and air
pushed through fucked lungs.
'Right, RIGHT evrib'dy,'
the barman's voice
punches through *Big Strong Man*.
'Joe Sharkey wis one
ae a family a' seven
eh k'm aer when eh wis
eight yeers auld an cud
only speak Irish. Ah first met um...'
Danny's mouth is a source
his eulogy dense with mythologies
detailed information on people
who lived here:

```
Govanhill Mythology
```

parents, grans, uncles,
trades and small things
that meant a lot to them.
We in our global corner
fidget, our fingers itch.
We are bursting
to improve this place,
to douse it with culture.
We are bringing something.

Bòcanan

1.

Na cam-shuidhe
gu h-àrd air an oidhche
le sgiathan mòra sgaoilte
shealladh i thar nan spiricean
's muinntir a' bhaile
a sùilean seacte
san doilleireachd thiugh.

Le prospaig na làimh
a bha meallach mar dharach
shluigeadh i h-anail gharbh.
Bu mhath leatha gìogail air na bodaich
an dùil gun robh i falaicht'.
Bha gaol aice
air an cuirp air at,
an goganan a dh'èirich
mar thoit. Daoine cho cruaidh
ri clachan nan seasamh
fhad 's a bha càch
a' caochladh.

Bliadhna air bhliadhna
shluig i na h-uile:
faoileagan, prasganan fòirneartach
ochd-chasaich dhearg-shùileach
solais a' phoil, gog nan garbhag
seanag a' pasgadh bonn do bhugaidh
iuchraichean air an tilgeil fo amharas
rionnag mheirgeach thar na sionagoig
caolan a' lasadh toit a' mham
nàbaidhean a' togail bochdan gu a chasan:
ghabh i na bh' ann.

Govanhill Mythology

Tron latha na suidhe aig a deasg
sgròbaileadh i gun amas
gun tigeadh lèirsinn.
Dh'itheadh a h-eanchainn
leabhraichean làn A4
làn chorp air at, sgròban
cho tiugh ri broilleach molach.
Dh'fhàs cumaidhean na bu shoilleire
nochd àireamhan air na duilleagan.
An ceann fichead bliadhna
shnàmh geal tron imcheist
aon loidhne is aon mar ràsar
tro fheusaig. Gu socair nist, sgrùd i
mar a dhèanadh na fir
smàlag an àite sàth.
Dh'ionnsaich i dealbh-duillich
a chrochadh ri taobh fir nan toitean.
Cheangail i an t-uisge le fuil:
tuinn bheaga air a' chabhsair.
Steig i eòin nam bìogail
air balla droch-fharam na h-oidhche.
Phronn i beatha phlosgach
baile na cloiche mìne
agus chaidil i gu math.

2.

Às dèidh Voltaire

Oidhche bha seo
a' tilleadh dhachaigh à Sainsburaidhs
poca làn lofan
is bainne-coirce nam dhòrn
bhuail mi ann am bana-bhleideir.
sheall i orm:
h-aodann làn bhòcan
sùilean a' crìonadh
sròn reamhar sgoilte air a h-ath-fhuaigheal
beul cham, cainnt a' snàgail
thar mhullach teanga air at,
gach casad na shlabhraidh mheirgeach
a' glagadaich a fiaclan donna.
Thuirt i tro tholl na sgòrnan
gun robh i na h-ìomhaigh uair
na feallsanaiche ceart ach
nach tèid aice air leughadh
sna làithean seo, ach nach eil
sin gu diofar. Nach
gabh thu mo leisgeul
nach eil tastan a bharrachd agam,
guidheam gun lorg thu
na shireas tu a-nochd.

Govanhill Mythology

Gargoyle

Perched high oan a church steeple
immense auld wings loomed
lik a grim rainbow aer thi nicht an people.
Klutchin a teleskope, shi crooned
tae ersel an peered oot
through eelids layered as oak
aer thi spires an pubs ae Govanhill,
wi yella ees, sunken bi thi dark.
Glee-keekin, hink'n ersel obscure, shi loved
thi swollen boadies, thi chukkles
thi snout fumes that rose in hakkled cloods
thi men staunin staunch as statues
as aw aroon thum moved.

Acroass winters shi gulped it in:
blood-brained gulls an gangs,
rid ee'd oktopus men
grannies graftin coins tae prams
polis lichts, wummen's shrieks
neibours lift a gadge tae eez feet
a priest alane, a Star ae David rusts
a stick boay smokes, rottin mutton mounts.
Tongues toughen wi age.

Shi uised tae sit at ur desk an scrieve
til vision or fatigue crawled
up thi table leg lik a peripheral spider.
Efter ten years er brain gorged: skrawls
as dense as cheist wire. Buiks,
A4 sheets, streetskapes whale.
Outlines ae thi men's boadies,
Shapes kame in klods,
numbers popped pages apen.

Eftir twinty years ae peerin
whyte space pierced thi page-midden.
Shi slowed an studied hou a flik
ae ash replaced a thrust.
Learnt tae hing a pikture
ae trees oan distant hills
beside wan ae men wi fags.
Stroked a konnection wi thi rain
an bluidy ripples oan thi road.
Pasted thi chirpy birds
oan a waw ae dire nicht-noise.
Krushed doon thi throbbin lyfe
ae Govanhill intae a stane
tucked snug aneath thi pilla
an slept sound at nicht,
dreamin shi'd birthed it aw.

Mythologies 1 – 8

Dixon Avenue

C'était comme quatre coups
brefs
que je frappais
sur la porte du malheur.
il me restait
à souhaiter
qu'il y ait
beaucoup de spectateurs,
le jour de mon exécution
et qu'ils m'accueillent
avec des cris de haine.

A.C.

1.
After A.C.

Swelterin heat pushes
yir cheist lik a polis' finger.
Parched pores suck up memories
til yir skin runs dry.
Speechlessness rings
erratically among breaths
an a jakie's cortisol refrain
in thi smaw pink room
wherr ye wait oan
thi hard flair. Aw this
slapps ye as yir ees open
fae sleep. Four blinks, four
staccato knocks oan thi great door
ae absurdity.
Ye could easily wake anywherr,
ye hink, wishin firra massive croud
ae spectators oan thi day
ae yir ridiculous trial,
that they wid welcome ye
wi obscene stillness,
jouled faces, grotesque
wigs an questions ae hatred,
so that yir cheist
wid hum wi delicht.

Govanhill Mythology

1.
As Dèidh A.C.

Bha i ann am brothall
an teas a' suaineadh umad
mar earball nathrach timcheall adhbrainn.
Spùt cuimhne às do phòran
mar fhallas. Sheirm balbhachd
eadar anailean
anns a' chùl lom bu cheadaichte dhut
far an do dh'fhan thu air an naidheachd
fad oidhcheannan fada.

Bhuail na h-uile ort
nuair a dh'fhosgail do shùilean à cadal.
Ceithir prioban mar bhragan
air doras mòr a' bhaoghaltais.
Bu mhiann leat
gum biodh an t-uabhas
luchd-amhairc an làthair
do dheuchainne ana-
chothromaich', gun cuireadh iad
fàilte a' bhreitheanais bhalbh ort
an aodannan giallach
an gruagan amaideach
an ceasnachadh làn gràine
gus an lasadh d' uchd
ann an tlachd.

2.

Well eh
ah hink it's
a wee bit
stupit
considerin
ah wis juist
defendin masel.

*

gu bheil e
rud beag...
faoin
channains'
on nach robh
mi ach gam
dhìon fhèin.

Govanhill Mythology

3.

Bug-eyed jurors
of your era
point at you in your bare-ness
with the long feelers of their
grotesque unanimous mind,
muttering that you sat on
and shattered a basket
of golden eggs, implicating
in their coughs
that you made a sentient
choice: chucked the yolks
at a slowing steam train.
You don't remember this feeling
of eggshells jutting into your arse,
but now that you think about it,
maybe you vaguely remember hearing
a slap
and the crunch of a train's horn.
When the bug-eyed people
have filed out
the imprint of steam,
hot metal and fried
golden yolks was the thing
that stuck to your brain
like a faded poster at a station.

3.

Luchd an diùraidh meanbh-shùileach,
a' tomhadh ort nad luime
le iadhairean an eanchainn' aonta ghroid
a' co-dhùrdail co-fheall
gun do shuidh thu
air basgaid uighean òir,
ag impleachadh tro chasadan
gur ann le làn fhios
a chuir thu romhad an sadail
air carbad-smùide na sgur.
Chan eil cuimhn' agad idir
air anacair nam plaosgan briste
a' stobadh dha do thòn, ach
a' smaointinn air, nach ann
a sheinn buille is dùdach am badegin
aig an aon àm?
Às dèidh dha na meanbh-shùilich fàgail,
's e làrach na smùide, miotailt theth
agus buidheag òir fhraidhte
a ghlac nad eanchainn
mar phostair crìonta aig an stèisean.

Govanhill Mythology

4.

Govanhill is
a residential district
known for its cluster
of gourmet delis, trendy
cafes and authentic curry
houses. traditional-style pubs
offer brunch menus and craft beers. Pop
concerts and football matches
bring crowds to Hampden
stadium, while the edgy
Tramway Theatre hosts
films and plays. Que
en's Park has pon
ds, woods an
d a Victori
an glass
house.

4.

'S e th' ann an
Cnoc a' Ghobhainn ach
Sgìre shluaghach a tha cliùiteach
airson a chuid shàr-bhùithtean-ceapaire,
a chafaidhean fasanta agus a thaighean-bìdh
curaidh. Tabhainnidh taighean-bìdh traidiseanta,
clàran-bìdh lòin agus leanntan leòmach speisealtach! Bheir
cùirmean-ciùil pop agus geamannan
ball-coise sluaghan gu Hampden agus tha
talla-cluich' an Tramway ùr-ghnàthach
a' taisbeanadh dhealbhan-cluiche.
Agus ann am Pàirc na Bàn
righ tha lòintean, co
illtean agus taigh
-glainne Bhioc
tòrianach ri
m faicinn.

Govanhill Mythology

5.

William Dixon was a
prominent ironmaster
whose blast furnaces
became known as
Dixon's Blazes.
The village was
built by him for
his workers
from his *Little
Govan Colliers*
and that is how the
street got its name.

*

bha Uilleam MacRiocaird
na mhaighstir-iarainn.
'S e bh' air a cheàrdach
ach *Fùirneis MhicRiocaird.*
's esan a thog
am baile o thùs
do luchd-obrach
Gualaran beaga a' Ghobhainn
agus 's ann mar sin
a fhuair an t-sràid a h-ainm.

6.

that the item in question
was a revolver
intended to –
blow eez
fukin
foreheid aff ticht
as a tick oan a tail –
which was recovered
outside of Life O Reilly's
on Dixon Avenue

*

to retain
professionalism
and refrain

*

in court,
considering the
severity.

6.

Gur e daga
a bha
anns an nì agus
an droch-rùn:
> *Bathais mhic a' ghealla*
> *a losgadh far a' chinn*
> *cho teann ri gartan*
> *air earball uain*

nì a bh' air a ghabhail
taobh a-muigh *An Mhadaidh Bháin*
air Craobhraid MhicRiocaird.

*

Proifeiseantachd
a ghlèidheadh agus
a thogail dhe bhith

*

sa chùirt
a' gabhail ri
dearg-uabhas
na h-eucorach.

7.

About nine am on
Dixon Avenue, I remember
the boy, down to a vest
though his arms didn't
goosebump. the mole-hill
that the police were making
from the knives taken
from his slight person
may have grown into a
mountain in my memory.
I was drinking a cold
can of Red Bull which
furred on my teeth
as the school bell trilled.

7.

Fuar, mu naoi uairean
air Craobhraid MhicRiocaird
agus am balach na bheasta,
cha robh idir crith air.
   Nise, an càrn
a bha am poileas a' togail
le sgèinean à corp caol a'
bhalachain, 's dòcha
gun do dh'fhàs e
beanntach nam chuimhne.
Thig buille tiona an *Red Bull*
orm fhathast, 's e a reòth
's a ghreannaich m' fhiaclan
fhad 's a sheirm glag na sgoile
mar òrd tro uinneig càir.

8.

Stamp dòrn òr-fhàinneach tuill
ann an rosg a' bhalaich òig
ann an samhradh gàire
agus balbhachd Chraobhraid MhicRiocaird
mar lann tro earball uain.

Chunnaic a shùil neo-fhuilteach:

an fheadhainn gharbha a' sgaoileadh
mar sheanganan tro a ciad charaidean

corp paisgte air an rathad
cho trom ri tracaidh fhliuch

ceann mu seach sna preasan

agus dà mhuing a' clapail
mar a theich 'ad air chùl an cuirp.

Ghlas e na sheasamh
gun sabaid, gun teicheadh
cho balbh ri dòdo.

Sin a' chiad uair a dh'fhairich e
iomall na h-uile a' bragadaich
a' slaodadh lèirsinn
mar theas thar teine.

Chuir sin streun air cùisean.
Chaidh ùine ghlòmach seachad,
sgleòthach tro amharcan
agus na daoine aig a' cheann thall
a' cosg lèintean pastalach
's fiaclan dìreach annta
a' gàireachdainn mu chùisean

Govanhill Mythology

ionmhasail, a' claon-amharc
mar nach do thuig e.
Sna làithean seo
tha seòrsa dubh-èiginn air
gus innse don luchd-pastalach
mu na thachair an uair sin
mar gun tigeadh fuasgladh
mar gur iadsan na claonairean
a thogas droch bharail
air cùisean iomhasail
agus fiaclan.

8.

A gold ring punctuated
a quiet avenue, a summer
and an eyelid like a dock
through a tail.
The bloodless eye saw:

the young team's limbs swarm over
the first real friends of its nervous system

a body slap the ground

a pair of Converse poking out the bushes

and two-thirds of the new band's manes
flapping as they bolted after their bodies.

Standing there dumb
fightless, flightless as a dodo
was the first time the seams of things
crackled like air bending over a fire.

The straight lines of years of school warped
into spirals while passing through
the pressure of this new peephole,
the people at the other end
with their pastel shirts and perfect teeth
laughing about monied affairs,
squinting knowingly
as though there was something to get
about life, teeth and money.

How many violent
Glasgow poems does it
take to fill a library?
How many vapid

Govanhill Mythology

pastel whimsies
does it take to fill
an independent magaz...

ach, he get's it, but still,
these days there's this...urgency
to tell these pastel people
what happened that time
before too much of it
changes, becomes myth.
As if it would punctuate
something. As if maybe
there's something to get
about money and teeth.

Doirbeag

Anns an dealachadh
mhòr fhàsail sin,
bha trì sràidean
nam bùrnan dhuinn
agus tu nad dhoirbeig:
acrach, math is teann
a' slugadh tromhpa.

Thigeadh d' amharcain-shùla am follais
ri mion-fhios gun fhiosta dhomh
gàirdean slatach nan sìneadh thuige
air Craobh-shlighe na Banrìgh.

Air Rathad Ailbeirt san adhar thiugh
mar a ghabhar thar uisge-marbh
chrùb thu air calpan luasgannach
ghabh thu do chiad leum a' mhaighich
agus chùm thu ort.

Stadamaid nar sgrìob
mhì-laghail làitheil
an cois eaglais' gaineamh-chloiche:
seudan àrd-thogte foirfe a' blianadh,
agus tu a' fàsgadh umam,
do chasan ùra caithte.
Bu fìor mhath leat
meallan cùil' àraidh
ri taobh an dorais mhòir bhuidhe,
do chalum corrag chugallach
gan sgrùdadh, a' rannsachadh
mar theanga na nathrach.
'garbh',
facal dhe na ciad.
Clachaireachd, eachdraidh,

Govanhill Mythology

fèin-ailtireachd, a' gràbhadh
chuislean a mhaireas,
cò a chanas
nach tusa Glaschu fhèin!

Gann de Bhuntàta

A' giùlan eallach-poca robach
tro Shràid Bhictòria a bha na cuach
far na phòs d' fhèithean sgòrnach
le feadhainn nam fògarrach.
fa sgàil Sràid a' Phrionnsa Èideard
tha an t-seann sgoil na laighe
far na thaisbean rùn an t-sagairt
mar dhreasa chràbhach sgrìobach dhonn
faid adhbrann na bana-thidseir.
Chì thu, air rathad Phollokshaws
far an gnòst a' mhadainn
gus a thòiseachadh.
Nì na solais-shràide priobadh diùid
thairis air obair-rathaid na drochaide ùire
a cheanglas an sgìre-imrich
dhan ioma-linn a ghlèidheas Pollokshields:
uachdarain thombaca, bùithtean annasach,
eaglaisean mòra, toradh fàs-bheartach,
uair nan goireasan oiseanach.
Taobh a-muigh Shainsburaidhs
chì thu Omar a bh' air fhuadachadh à Ioràc
eadar co-dhùnadh an t-Seanaileir
agus corragan àrd-amasach a' phaidhleit
a' slaodadh a-steach na cèidse-lìbhrigidh
mar ulpag làitheil. Cuiridh
a ghuailnean stalcanta nàire
air do ghuailnean-sa agus aodann
coltach ri laoch-prionnsa
a dh'aindeoin a dheuchainnean.
Ach tha coltas gu bheil a ghiùlan
nas slaodaiche na bha nuair a dh'fhàg thu
an t-àite airson obair ùr. Tilgidh solas na bùtha
san uinneig sgàil Mandy, a' sganadh mar sgalag
bhochd, a cnàmhan goirt on luchd-lagha

Govanhill Mythology

agus luchd-gnothaich a bhruthas
air a cnàmh-droma gach dàrna reic
leis an ìrean agus cìocras na h-ialtaig orra
airson luach an airgid a bhiadhaicheas
an cridheachan seargta searbha.
Gabhar iongnadh gun do ghabh
thu eagal air Sràid Lìobhainn, ach
tha manaigin san uinneig àrd mar dhroch-
mhanadh fhathast ann. 'S gann a ghabhas e
creidsinn gun do chùm Sràid a' Chinn Mhòir
na h-uiread de theintean, charbadan-poilis
agus chompaich nuair a tha i cho fuar agus
dorch'. Leathnaichidh cnoc cas Rathad Shields
timcheall air Sràid MhicCullaich far
an do thachair olc thar smuain
treis mus do ghluais ar n-amharc.
Aig an fho-thalamh, thèid caochladh crutha
air do chuimhne na bhallachan
gabhaidh tu anail mu choinneamh a' Ghobhainn
fhad 's a tha na h-urracha mòra
a' spleuchdadh air balla cearcaill thaobh a-staigh,
na breigirean a' diùltadh sealltainn a-nìos idir.
Air bòrd a' chearcaill iomallaich
tha e a' bualadh ort nach gliongar
puist-dhealain bhrosnachail irisean-litreachail
a-steach gu do bhogsa aig dà fhichead mhionaid
às dèidh seachd sa mhadainn
gus do dhaingneachadh
mus tìrich thu aig Àth Bruic
ach nì thu gàire agus tu
a' sealtainn air a' bhogsa co-dhiù.

Scarce O Tatties

Lug the tattie bundle-bag of urban miscellania
through Viccy Road where you once
joined in the song of escaping voices
of Govanhill. In dark
Prince Edward Street is the old school,
where the teachers' motives manifested
in their scratchy mid-shin length nunnish dresses.
Pollokshaws Road is where the morning
sputters to life. Streetlamps stutter on
over the roadworks of the new bridge
to Pollokshields, which seems to hold
simultaneous eras of tobacco lairds,
quaint shops, grand churches, organic
produce and convenience.
Outside the Sainsburys you see Omar,
ran out of Iraq between a president's plots
and pilot's ambitions, hauling in the delivery
cage like a daily boulder. His massive
shoulders put yours to shame, his face
is delicate like that of a prince. His gait
is more sluggish than when you left
the place for pastures new.
The shop light in the window projects
Mandy scanning like a demon,
eyes wide from her bone pain,
sore from the lawyers, judges and business types
from the solid Nithsdale Tobacco Mansions
who press down on her spine daily.
People are surprised
that you were once often scared
on Leven Street. There is still
that ominous manakin stood in a top floor flat.
Hard to believe Kenmure Street could hold
so many fires, polis wagons and comrades

Govanhill Mythology

when it's this cold and dark. The steep hill
of Shields Road gives way around McCulloch Street where
something truly evil was allowed to happen
a while before our gazes turned.
At the underground, memories puff into a ball.
You breathe and face Govan as the trenchcoats
glare their backlogged deadlines
into the Inner Circle wall,
the overalls don't look up at all.
You take the Outer Circle and think
that life-affirming literary acceptance emails
rarely clink in on the underground
at seven-forty a.m. to bolster you
before you disembark at Ibrox
but you grin as you check your inbox anyway.

Strepitus à Glasgow

En rentrant du pub, le vieux Pierre s'asseyait
sur sa chaise, et parfois, regarderait *le Tour*.
Assis en tailleur derrière lui, même sans couleur,
tu avais l'impression que la lumière y était
plus pure, par rapport a vôtre T2 où vous
feriez vos ablutions dans le lavabo sous
la fenêtre, on l'a vu claquer la portière
encore et encore dans la pauvre lueur lunaire.

Chaque coup, comme un *strepitus* proclaimait
et ondulait pendant des années, dans le cerveau,
qui se transforme en ver qui ronge les anneaux
d'un arbre, enraciné dans un sol fissuré
par la pression, la séparation, le licenciement,
le long cri qui pressait ton père, violemment.

Govanhill Mythology

Le Tour

For the two Peters

1.

Sometimes, when auld Peter
wasn't working or at the pub,
he'd sit in his armchair and watch
the telly. One night, you sat
behind him as he caught
the Tour de France. In that
half-hour holiday, even
sans couleur, you noticed
that the light was different there
than it was out the window
of your one-room flat, under which
you, John and Pauline were abluted
in the sink. A cleaner light, maybe.

Once, through that window, you
(and a few neighbours) saw him
slam the car door again
and again and again. Each thud
announced an echo, decaying into
the next like a dire *strepitus* that
rippled through the years after it.
The slick of his hair would withstand
this motor assault more intact
than his employment as a process engraver,
or his marriage.

*

In the noughties we began to worry
about the future. Returning from
a father-son trip we ran into him,
steamin on Viccy Road.
I'd absorbed from somewhere this tensing
of the shoulders towards alcoholic family
members. He was frozen, monochrome
Glasgow: slicked back hair, neat tash,
trenchcoat and words rattling over
his tonsils among coughs.
    "A German comb"
I tuned in to the conversation for this
absurd punchline, as he ran his fingers
through his greasy hair, and we left.

Next time we saw him, a lump
protruded from his neck like a Mitre.
He sat fused to an armchair embodying
the emaciation of your future paintings.
Weeks after the hospice visit,
mum scolded me for smoking.

Govanhill Mythology

2.

That one bright holiday in
France before the financial crash,
we drove far from the villa to see
these alien men with eyes whiter than cocaine
and calves so full of blood and muscle
they could rocket them away
from whatever they needed away from:
Le Peloton. Their entire ascent
and the building of those calves was
experienced by us in the blink of an eye,
and gone. Crystallised health imprinted
in the backs of our minds forever, a souvenir
to lug back to wan Glasgow, a special
herbes de Provence pushed further
and further back in the spice cupboard
only to reappear in maturity. Afterwards
we drove down an avenue lined with trees
with the windows down. You liked it there,
said your joints loosened up in the heat.

Back at the villa
you watched, eyebrows raised, as I
utterly stanked my first ever beer in a
near one-er. Your shoulders tensed. You
had tough, wise words for me afterwards.

3.

Haribo at forty-five years old, hoofing it
on an Italian race bike in sweltering Ayr-
shire. You'd burn right through them
at that speed, your heart rate being so high.
You glided beside me as my teenage lungs
wheezed through fresh air, cow farts and midgies.

*

The Golden Jubilee National Hospital
specialising in heart health, has a decent café.
We swallow coffee quietly in the lift.
The manic reds and blues and teddy bear smile
of the unopened Haribo packet on your tray,
punch through the dull noise of the ICU.
Your grey neck is swollen and stuck with a tube.
Your hand drags skimmed milk to your
gagging mouth. Through the next visits,
you'd manage a couple of sentences:
you'll paint what you want from now on,
you'll not worry about money,
you'll waste no more time
winding up random huns on Twitter.
Then you close your eyes and apologise.
They say you'll make a full recovery.

*

So it turns out that arteries
grafted from your calf, when built
by pounding it away from Glasgow,
or a big mad hun's dog on an
Italian race bike in an Ayrshire midden,
can make new valves for your heart that
are strong enough to blast you eighty miles

`Govanhill Mythology`

away and some days, even in Ayrshire
the light is sometimes better (cleaner maybe)
than it is in the clogged heart of Glasgow.

Eadha, Critheann a' Ghobhainn

Moladh Sèimheachaidh

1.

Sgoil-àraich na h-àrainneachd,
Gàidhlig na h-eilean, na dùn
ann am meadhan Àth Bruic
agus aon chraobh dhìreach sa ghàrradh
a chumas an t-àite na ràitheileachd.

Ged a bha mo sgòrnan amh
an ceann na siofta deich uarach
chuir mi ceist ort san dol seachad
rè ar sgrìob làitheil chun an stèisein.
Ghabh thu anail
agus thuirt thu gum bu bheag
ort a bhith sèimh nuair a bha thu òg,
ach gun gabh thu ris sna làithean seo.
Anail shèimhidh
mar bhriseadh-loidhne a dh'innis
mu mhìle còmhradh nach tàinig gu bàrr.

Govanhill Mythology

2.

Bhathas a' creidsinn aon uair
gun robh gaoth mhìn
tro dhuilleagan na h-Eadha
na crith-nàire, leis gun deach
Ìosa a cheusadh air a geugan,
mar sin rachadh an clachadh
le làmhan amharasach
san dol seachad.
Bha agus gum fàgadh
sèimheachadh fhaclan na bu laige.

Ach fàsar sgìth tro thìde
de shrutain làn fhaclan fireann
agus dàin-mhòra dhòmhail a chailleas ciall
a lìonas duilleag is a phutas
a' bheàrn chun an iomaill.

3.

Fanamaid treis
aig Stèisean
a' Ghobhainn,
timcheall nan anail
cuireamaid cromag
air cuspair an latha,
anns an t-srutan,
air a' bhliadhna
chun a seo
gus an cluinn sinn
fuaim a' bhaile.
Anail shèimh
phuingeil ghrunndail
bhrìoghmhor bhuidhe
chòir.

Govanhill Mythology

4.

Mas e gu bheil facal nach tuirteadh
na chreutair a' gabhail fasgadh a' chritheir
aig ceann ràthaid fo chòinneach
a bheathaicheas beathaichean beaga am pailteas

'S ann a tha na thuirteadh
na ròcas taobh ràthaid fhàsalaich,
a chraobhan a' sgreuchail na gaoithe
a mheasan air lomadh ro àm na buana.

Nach gabh thu
mo leisgeul
ged is math tha
fhios againn
nach eil thu
dha rì-ribh
feumach air.

Shane Johnstone

Mantis of the Till

I stand sweating in a damned
fleece behind this till
arms folded, feet spread
preposterous
as a prime minister.
You scuttle in gingerly
your profession projecting
from the golf cardigan
sitting snugly on your shoulders.
The fluorescent light glares
from Italian specks as huge
and black as bug eyes.
Sighing, I try to pack your many bottles
of twenty quid wine and San Pellegrino.
Your sea anemone lips
retract at the squeal of plastic
you force air through the tight
pout-hole and shift your gait.
    I say:
'*Hou dae you no juist packit then, mate?*'
Your face slackens and hangs
for a few seconds. You are astounded.
The dark regions of our brains spark
we exchange words, subtle as mantises
hacking each other's throats
suspended on a quivering leaf
over a hissing pit
of mating dragonflies.

When the transaction is done
I'm left waving
insanely as you locate
a manager, your eyes now visible, lit
like bulbs.

Govanhill Mythology

When you complain,
you mention, helpfully,
that you are a lawyer,
and creep away greedily.

Tarbh-nathrach a' Chobhain

air cùlaibh
cobhan tràilleil Shainsburaidhs,
tha fallas a' gheansaidh dhamainte
dhuibh-ruaidh dhiom,
mo ghàirdeanan pàisgte, cho amaideach
ri uasalachd. Seo sibhse,
ur n-inbhe a' gairm far ur càrdagain
a dh'fhiotas oirbh mar bharailltimcheall ola.

Tha solas na bùtha mòire a' boillsgeadh
far speuclairean Eadailteach
cho mòr ri sùilean daolaig.
A' leigeil osna
pacaidh mi ur bagaichean
le fìon Frangach is *San Pellegrino*.
Cuiridh sgread na plastaig
bus air ur bilean
mar chìochag-tràghad a' tarraing air ais
gun leig sibh fhèin osna tromhpa
a' sioftadh ur giùlain
's mise a' cantainn:
'Carson nach pac thu fhèin'ad
a laochain?'

Fàsaidh d' aodann flagach car treis,
nad sheasamh gu cruaidh mar chlach
gus an las buinn ar n-eanchainn mar aon.
Tha sinn nar deasbad
mar thairbh-nathrach
os cionn sgaoth bhiastagan beucach
nan co-ghineadh grod.

```
Govanhill Mythology
```

Nuair a dh'fhalbhas sibh,
lorgaidh sibh manaidsear
a' leigeil slighe fheumail fios,
gur britheamh sibh,
fhad 's a shnàigeas sibh a-mach
gu sàsaichte.

Turps an Dualchais

Shìos thall, fighte fuaighte
a-steach do dh'aisling, throm-laighe,
chudailean is bhainne,
tha fàile peant ola na thobar.

Rathad Bhioctòria
Rathad Ailbeirt
Sràid a' Phrionnsa Èideard
Craobhraid na Bànrigh.
cha robh ar sùil air mòrachd
ach sliochd na gorta, gun fhiosta,
agus imcheist na concraite
a chunnacas tro uinneagan sgleòthail
ar n-àrais.

   a-staigh

Bhiodh spòran na spàirne a' cur
an sìl air ar deasg-fiodha,
dh'fhàs dùirn pheanta mar fhungas
a dh'iompaich nan duilleagan
soilleir-ghlas-fhèitheach
Rousseauesque mo mhàthar
gus am biodh e mar mheall beò
a cheangail ri dubh-ghlas dùr
spòtan cuimseach m' athar.
Fèithean peanta a' sìor-chaochladh,
anail na sùla gabhta,
sèidte le oidhirp a' chuirp
aire na h-Eòrpa ann an cùil
   eadar fàsalachd
croganan tuirpeis nan tobar,
a' cur às de lèirsinn charach
an t-sràid na sglèo eadarainn
agus an taighe-seinnse shìos.

Govanhill Mythology

Well of Paint

Below, down there
knitted among dream,
nightmare, cradling and milk,
the smell of oil paint and turps
is a well. Victoria
Road, Queen's Drive
Albert Road, Prince
Edward Street –
our eye was not on majesty
but rotting descendants of hunger
albeit unknowingly, and the
entanglement of concrete bracing
itself against generations
out the smudgy window
    of our flat.
Inside,

spores of tattie rot settled
seeded on a wooden desk
reconfigured into strange
thick whelks of dark green
for my mum's sweeping
Rousseauesque leaves of vigorous life
amassed into muscles that marry
the accurate dipping grey spots
of my dad. Muscles of paint
increasingly alternating,
breath of the eye
blown with a thousand year effort
in a nook
    between desolations
turps a well from which to
obliterate mythologies
between us and the
pub below.

De Honte

Que le tremble tremblait essentiellement
de honte, Jésus y ayant été crucifié. Alors,
les gens lui jetaient des pierres. Que la liaison
et le souffle calme étaient serpentins,
rendait les mots et les humains
plus faibles. Mais de nos jours, on fatigue

de vasts fleuves impassibles qui coulent
vers d'innombrables mers incardanines,
et de mots masculins denses qui entrent
dans une page avec une hache, et chassent le sens jusqu'au
bord. On ne peut tout les sentir,

comme on ne peut pas manger trop de boudins
blancs sans café et sans siestes pour les digérer.

Govanhill Mythology

Urban Sqwid

Thi err ootside threatens.
A shadda probes thi curtain.
Thi Dread Sqwid's here again
its him that drains thi err
dismul tentakuls rake thi windaes
ah'll go oot tae meet um barefuit
thi door loak'n thi weebarra in.

Therr eh floats
transparent an bloodless
many stomachs growlin
many herts shimmerin
absurd ees eclipsin
'n thi orange licht,
Eh comes tae ma haim uninvited.
Eez rubbury feelurs dart taewards ma chist,
ah raise two erms, solid
fae humf'n thi wean's buggie awerrihjoynt.
Thi Sqwid's mooth skreems
an emits a viscis mollusk paste
ae yir distilled inkalydoskopic feers
wrangs ye did an said
yur mind foarcees it bak.
A ragin ink dod skelps yur melt
but ye barr thi klose doar
wi thi buggy strang elba.
When Thi Dread Skwid's awiy
it takes days ae sweat
many parental stoats
ekstra skoops ae Daz powdur
tae purge thi ingk
an jaggy hair oo'yur klays an herr
while thi Dread Sqwid
    oscillates, waits
ineez solo lair.

Shane Johnstone

Giobarnach a' Ghobhainn

Tha an t-adhar bagrach a-muigh.
Tha sgàil air chùl a' chùrtair.
An Gibearnach ann a-rithist
a' leigeil an adhair, a ghreimichean
a' deocadh air an uinneig
seasaidh mi ris casrùisgt'
mo phàiste glaist' a-staigh.

   Air bhog
tro-fhaicsinneach, gun fhuil
ioma-stamag a' rùchdail
ioma-chridhe a' deàrrsadh
sùilean ùmanta ag ùr-dhubhadh.
san t-solas orains.
Thig e dham dhachaigh gun chuireadh.

A ghreimeirean a' grad-leum
a dh'ionnsaigh m' uchd
togaidh mi mo ghàirdeanan, cruaidh
le bhith a' slaodadh a' bhugaidh
Beul gun chruth a' sgreadail
a smùdas inc thiugh
d' oilltean leantaileach
agus mì-bhreithean ioma-tharraingte
ach bheir d' inntinn air teicheadh.
Sgealpaidh clodan na feirge nad bhus
ach bacaidh tu doras a' chlobhsa
mar a bhac d' athair
le uileann stalcanta a' bhugaidh.

Govanhill Mythology

Nuair a sgìthicheas
an Gibearnach dhen chleas
agus e air falbh, bheir e
làithean dearg-fhallasach
uiread de sgrìoban athaireil
grunn dòrlach pùdair *Daz*
gus an dubh agus fuiltean beaga biorach
a sgùradh às d' aodach
fhad 's a chaochlas
is a dh'fhanas an Gibearnach
na dhùn aonaranach.

Shane Johnstone

A Brief Reprieve In Arran

You were standing still in the sea
as the sun halved behind you
wearing white, looking down
at the ripples from your wet hair
altering as they passed your body.

You were slightly frowning at them,
as if each ripple was a slight
disappointment, that the shock
of submersion in cold Arran sea
created a brief reprieve then
pulled increasingly tepid water
towards you, again and again.

Why do I say as if, as if
I don't know that frown well.
It's the frown of those fraught years
with your mother, alone in that
dark old house while your dad was working,
as she went mad in the silent salt air.

On the shore our son's little hands
reached up as you stepped sock-less
onto bare rocks. You lifted him
to you and probably sighed.
Back at the house with the hearth blazing,
our son laughing with his grampa
and dinner cutlery clinking,
my mum smiled through reading glasses
as she showed me the pictures
she'd taken of you in these moments.
I must have been distracted, in that
insufferable way. I'd missed them all.

```
Govanhill Mythology
```

When I looked up from the phone
you were drinking tea,
still looking down and
frowning but at least
you were warm and dry.

Shane Johnstone

Fathanas na Tràghad

Nad sheasamh sa mhuir
nad bhlobhsa gheal
agus a' ghrian a' crìonadh air fàire
bha thu a' dian-sgrùdadh
luasganan d' fhuilt fhliuch
a' caochladh san dol seachad
air do chorp. Bha greann ort

ris na luasganan
mar gun robh gach aon dhiubh
na bhriseadh-dùil
gun do thabhainn clisg' a' bhàthaidh
fathanas dìomain
mus do shlaod e uisge flodach umad
a-rithist 's a-rithist.

Carson a chanas mi
mar gun robh, mar nach eil
eòlas domhain agam air
a' ghreann ud.
Chan eil ann ach greann
nam bliadhna dhoirbh
nad aonar san t-seann taigh dhubhach
còmhla rid mhàthair,
fhad 's a chaill i ciall
san adhar shaillte.
fhad 's a bha do dhad ag obair.

Air ais air a' chladach,
shìn làmhan beaga
ar mic a-nìos thugad
agus tusa casruisgt'
air na creagan sleamhainn.
Ghabh thu e mud uchd
agus leig thu osna,
tha mi an dùil.

Govanhill Mythology

Air ais aig an taigh
agus las na cagailt' a' cnacail
ar mac a' gàireachdainn còmhla ri a shean
agus an t-uidheam-dìnnearach a' gliongadaich,
rinn mo mham fiamh-ghàire tro speuclairean
agus sheall i dhomh na dealbhan
a thug i dhiot tro na mòmaidean sin.
Feumaidh gun robh mi air mo tharraing
le cuspair na bu chudromaiche.
Chaill mi gach ìomhaigh spreigeil.

Nuair a sheall mi an-àirde on fòn
bha thu a' gabhail srùbag fhathast
a' coimhead sìos agus greann ort
ach bha thu co-dhiù, tioram is blàth.

Mythologies 9-12

9.

Skipper

Arse bone juttin
intae thi boat's metal bench.
It has suiked thi kauld
fae thi canal wa'er
right intae its tin lungs.
Icy globs faff by
an kling tae lean gorse
oan thi skrote yella banks.

Aheid thi skipper jerks
eez jitter limbs, yanks
a teak wheel in an
intergenerationally
transmitted wiy.
Eez tepid gutversations
that ye thole grit teeth,
drift wherr saft limbed
weans li' you widnae
drag yir oat mulk bones.
He leers wi blud spade peepirs
that never plantit thi purple
flat waws in *Friends*
intae arable grun.
Allan-key ears never
rang in thi soarin
ru bato fino
roarin greetin credits
ae *Lord of the Rings*.
Thi skipper's face
is quarry mince.

Govanhill Mythology

Skipper's mingin boady
doesnae fit yir lamb eyes.
it's spun in 2D skwerrs
hueless, shadows patch it.
ane wan chistgut,
shoodirback permaclench,
a great huikspine ripple.
Sinews in flange-erms
strain atween steelwool
wire blak erm hair,
caterpillar thikk.
As eh steers
thi katerpillars krawl
ye worry they'll
squirm intae yir lamb-side.

When thi gorse skrawl thins,
pines form a gross fortress
fortified klingin green
bold hoachin thrummin life
yir fair nekk fluff prikles.
Yir too klose in
this fortress wi um
eh micht no bi strang
thae erms sag wi aege
but if eh flung that squerr form
at yir freezin boady
even if ye deck um,
yir stupit office erms
kouldnae steer thi boat.

Thi fawn licht skuds
broon aw wiys
harvest lines grit rid
eh lets ye oot, ye leave
eh luiks still
ye turn bak, thi huikspine
noo curvin
ye klikk thi gate an walk solo,
heat rises thru thi grit
thi kauld wis bone steept.

Thi thaw taks weeks
as ye stoat an sleep
oan warmin grit
an wan klose day
when yir erms declench
thi final nail
ae thi wee-est finger
loses thi last
morsel ae tin dense kauld.

Govanhill Mythology

10.

Ùrnaigh

Naoimh nan galar
fòir oirnn
o sgiùrsaidhean
mhic an duine is Dhè,
glèidh ar cuirp
ri galaran gabhaltach
agus ar n-anman
ri gabhaltachd glutaireachd.
Naoimh nam plàigh,
leig le dolann-rèile
einnsean eachdraidh an t-saoghail
a thogail. Tsiù tsiù!
Naoimh ar còir
guidheam gun èirich
do sgioba ball-coise
gu co-dhiù
Lìg a' Cho-labhairt B
agus brosnaich sinn
a Naoimh,
faigh dhuinn àileadh ùr
agus thar a' chòrr
rùn-onarach.
Dèan cobhair oirnn
gus ar stiùreadh a dh'ionnsaigh àigh
agus pian fhulang le gràs
gum bi an t-aran a dh'fhuinear
ann am pàirc bhùitean an Naoimh Roch
milis agus brìoghmhor
gum fuiricheamaid nar dlùth-phàirteachas
gun aithnear tlachd agus slàinte
gum bithear airidh orra le deagh-bheus
Naoimh, dèan ùrnaigh air ar son
o Challtainn chun a' Ghobhainn.

Eadar-theangaichte le Shane Johnstone o *Prayer to St Rollox* le Henry Bell, *Still Life, Good Press 2022.*

11.
Holiday
After Roland Barthes

It seems that what
most induces concealed
frolicking within their
(heinous chests) is acknow-
ledging that writers too
commonly take
holiday-breaks, which,
once a recent pheno-
menon, the mytho-
logical development
of which (while ac-
knowledging certain
prosaic necessities
and modern realities)
can be traced back (chrono-
logically, geneal-
logically) to the
advent of pride.

11.

Fìor shaor-làithean
Às dèidh Roland Barthes

Ar leam gur e
an sgrìobhadair a ghabhas
ro thric
an làithean-saora, a bha ùr
aon uair

sin agus

aodach liorcach Mhic
Ghill'Eathain, Shomhairle
no Iain
    sin
a lìonas uchd air ad
a' mhòir-shluaigh
le taitneas geur
    a-rèir
ghuthan am meadhan-
an, fios
à beul air aithris
a thàinig an cois
teachd a' phròis
o chionn ghoirid, ag aideachadh
na deatamachd rosgail àraidh
agus na fìrinne nuaidhe.

Govanhill Mythology

12.

Albatras

Le Poète est semblable au prince des nuées
Qui hante la tempête et se rit de l'archer;
Exilé sur le sol au milieu des huées,
Ses ailes de géant l'empêchent de marcher.

Gu tric, mar chleas, bidh fir a' chriutha
a' glacadh albatras, eòin mhòra na mara
a leanas orra, companaich leisg' an turais
an long a' togail oirre tro bheàrnan searbha

Cha mhòr gum bi iad gan cur air a' phlanga
rìghrean a' ghlaise, nan cearbachd 's diù
a' leigeil gu truagh an sgiathan mòra bàna
gan slaodadh mar dhà ràmh throm rin taobh.

An triallaire itealach seo, 's e fann is clìobach.
Esan, a bha brèagha uair, a-nis èibhinn is fiamh,
agus fear a' cur dragh air a ghob le pìob,
fear eile a' magail, na chrùb, air a' bhacach a sgéith!

Tha am bàrd coltach ri prionnsa nan sgòth
a' fanaid air an stoirm' 's air a' bhogha:
na fhògaire air thalamh eadar na fuaith,
a sgiathan mòra a' bacadh a shiubhail.

12.

Albatross

Oft, for craic, crewmen catch
an Albatross, those grand sea birds
who follow, passive companions,
as their ship glides through bitter sea voids.
Hardly are they papped on the deck
Kings of the grey blue in their gawk
and shame, letting their vast cracked white wings
trail pathetically by their sides like heavy oars.
This winged traveller, feeble and doty,
who once was beautiful, now comical
and ugly as a man harries his beak with a pipe
and another, crouched, mocks the cripple
who flew. Airborne, the poet is like a prince of
clouds laughing down at the storms and archers,
but exiled on earth, lodged between jeers
his giant wings prevent him from walking.

Charles Baudelaire, Les Fleurs du Mal, 1857
Auguste Poulet-Malassis, translated by Shane Johnstone

Eachdraidh Sgrathail

Às dèidh James Baldwin

Gun robh na bh' agam de ghràin air
searbhaichte ann an dòrainn.

Canar gun do rànaich
a mhàthair fad mhiosan
ri taobh na frasaich gile aige.
Deòir bhalbh, na tost.

anns an sgoil
phut adharcan is falt grìseach
tro chraiceann a chinn
fhad 's a thug càch pògan.

Chuir obair croit air,
a shùilean agus eanchainn
a' sìor-dhol caogach
leis an sgrìon.

Thigeadh e a-nall an seo,
dh'innseadh e sgeulachd sgrathail
a bhiodh gam fhàgail
gun dòchas idir, a h-uile turas

a bhiodh e a' cèilidh orm.
is ged a bha e moiteil àsta,
b' ann air a chroit fhèin
a bha uallach uabhasach

na eachdraidh sgrathail.
Mar phoca de mheasan grod
a thuit à craobh a' chaothaich
a bhrach na bhroinn
a dh'fhàg e na bhreisleach.

*

des nombreuses années
je le détestais.
Mais oui, peut-être
qu'une bulle de tension a traversé sa maison natale
qui a éclaté et semé
quand il avait
quinze ans.
Bien qu'il paraisse
en être fier, il porte
le fruit amer
de cet arbre sinistre
qui ferment en lui
la rage d'un taureau,
le laissant flasque.

A Dreadful Narrative

After James Baldwin

Fir aw thi years
ah hateed um,
ah have tae concede
that eez mind wis
popped
in thi bubble ae
inflation, stretched
aer eez haim toon.
Though eh seemed
muckle proud
ae thi seedy
popped remains,
the elasticky residual
burden
eh wis cairryin greu
fae inside, rotten fruit
fae thi tree ae growth
fermented an carved
deep ineez bowel,
this grim narrative,
thi bull rage
that rendert um
utterly flaccid.

Shane Johnstone

The Southside Barista

Bull wis born here and slid
thru thi place's kraks as a wean
coiled oan eez bak fit at sixteen
wis briefly bonnie at nineteen
an bolted as a man at twenty three.

Bak firra visit
in a café cawed The Southside Barista
eh stauns unironic, werrin a luminus
yella Umbro tap
peely-wally legs pushin
ootae green shamrocked shorts
lik droothed trees
thru thi pavement.
Patches ae fuzz loiter oan eez rid cheeks.
Eez baggy, late nicht YouTube ees
scour thi tasteful, haunle-less Scandi
pottery perched deliberately wonkily
oan widden shelfs.

Thi barista is slim in blak
an wurks smoothly. Eez derk
circled buik reeder's ees
intrigue at pairties.

Eh speirs anely me
as creamy oat, thi bricht new blud
re-waterin thi silted arteries ae Govanhill,
flows fae eez haun.

Let's boost ootae here pal
oat lattés in haun, me sippin, you sluggin
tell iz if thi unburnt oat shokks
yir guts, if thi haunle-less kups

Govanhill Mythology

wid crak in yir plasterer's hauns.
Dae ye hink thi Southside Barista's
ees see better?
Dae ye know, ma pal
or kerr that they ur here noo an
yoo ur somewherr else?

An Sàr-mheiltear

Tarbh, Rugadh e an seo,
ged nach deach a ghlacadh ro mhath.
Shìol e tro bheàrnan an àite na phàiste
lìon a chasan leis a' chaothach na dheugaire
choisinn e àille an fhuilt fhada aig fichead
agus thàr e às aig ìre.

Air a thilleadh gus m' fhaicinn
tha e na rag-sheasamh ann an cafaidh:
An Sàr-mheiltear, a' cosg lèine-t
bhoillsgeach bhuidhe *Umbro*
a chasan glastach a' putadh
tro bhriogais-ghlùine na Seamraige
mar chraobhan seargta tron chabhsair.

Tha badan giorraich nam màirnealachd
air a ghruaidhean dearga
agus a shùilean, preasach
o na h-oidhcheannan *Youtube*
a' geur-sgrùdadh nan copanan
neo-chluasach nòsarach Lochlannach
nan suidhe gu sònraichte corrach
air sgeilpichean fiodha.

Tha an sàr-mheiltear caol, dreiste,
ag obair gun spàirn
is sùilean gu fasanta sgìth ann.
'S ann ormsa a-mhàin
a chuireas e ceistean
agus bainne-coirce barragach,
an fhuil ùr a shruthas
tro chuislean teannaichte
Chnoc a' Ghobhainn,
a' sruthadh o làimh.

Govanhill Mythology

a charaid,
togamaid
a-mach à seo
làitidhean-coirce nar làmhan
's mi a' blasadh, 's tu a' sluigeadh.
Saoil an cuir am bainne flodach
dragh air do mhionach, am briseadh
na cupannan neo-chluasach
na do làmhean ceàrdach. Saoil
am faic sùilean an t-Sàr-mheilteir
nas soilleire? Eil thu smaointinn, a mhèit
gur 'adsan a th' anns an àite seo nist,
agus tu fhèin nad àite eile?

L'Étranger

Leathery Hing

1.

Elle emménage seule au dernier étage.
   En sortant, des claquements en cascade
      de ses talons, descendent
         les marches de pierre.
           Elle revient en soirée
              sous la lumière orange, avec un sac
          plein à craquer, les cheveux
en désordre.
           Elle s'arrête
à la porte et considère les curiosités
        du quartier :
   Les mains d'un homme serrent
         ses genoux
tremblants. Son vomi sur la route,
             les yeux fixent.
       Des gens baisent sur un lit
               de sacs poubelles noirs.
        Le frottement du plastique
           et de l'air
amplifient leur silence.

Les cheveux absorbent la fumée
   qui flotte des orifices de la rue,
      d'où des hommes aux bouches tordues
         attendent quelque chose.
           Ses yeux s'acclimatent aux rouges violents
       du prêteur sur gage, vers qui,
    pensait-elle, coulait probablement
   le sang de la rue.

Govanhill Mythology

    C'est alors que son estomac
        a commencé à vaciller dans l'air visqueux
           des restaurants à emporter.
    Devant son immeuble elle navigue
  dans l'espace entre les membres d'un homme
qui ressemble à un oiseau mort,
plié mollement dans la porte ouverte
    Elle tourne la clé et la chaleur
      de l'appartement touche ses paupières
        comme le sommeil. Le doux tapis
          soutient ses pieds
           lorsqu'elle enlève ses chaussures. Elle habitera   ici,
  le loyer n'étant pas cher.
Ils l'avaient placé ici.
              La Rue des étrangers.

Maria

1.

She moves in alone to the top floor.
    Going out, clicks cascade from her heels down
       the stone steps.
    When she returns at night in orange light
she pauses at the door to consider
    the strangeness
       of the street: a man's hands grip
          trembling knees. His mouth drips bile, eyes wide
           and glaring.
     Down a lane people fornicate on
a bed of full
        black bags. The friction of plastic
and air
                amplifies their silence.
      Her hair absorbs the smoke
    that drifts
from the street's orifices,
               in which men with crooked   mouths
wait for something.
    Her eyes acclimatise to the violent
red panels of the bookies,
               her stomach
vacillates in the grease thick air
               pouring from takeaway portals.
In front of her building she navigates quietly
   the spaces between the limbs of a silhouette
     splayed like a dead bird,
        folded limply in the open
          close door.
       She turns the key and the heat of her
new home touches her eyelids like a sleep-wave.
   The soft carpet supports her feet as she retires

    her shoes. She'll inhabit
        this place, the rent is cheap. And here's where
        they've placed her. 7
            Allison Street.

2.

I heard Maria
mutter *en français*
from the ground outside
of Sainsburys. Her hijab,
perfect French and Albanian
did not endear her to the staff.

Her weekly
shopping list was
scribbled in English
for her by some stranger,
the pen starting
to blur:

chic n
pota o
ve et bl o l
ta po s
t l t p

Govanhill Mythology

2.

Chuala mi Maria
a' dùrdail *en français*
on làr taobh a-muigh
Shainsburaidhs. Cha do choisinn
a hijab snasail
no Fraingis is Albàinis fhileanta
mòran spèis dhi
aig an luchd-obrach.
Bha srainnsear
air liosta-bhùtha a sgròbadh
ann am Beurla dhi
a bha air crìonadh
tro thìde:

chic n
pota o
ve et bl o l
ta po s
t l t   p

3.
Sans Nom

Si, le coup de poing
de la sueur amère spirituelle
alcoolique a perturbé l'esprit
comme une souris ronge
un vieux sac poubelle.

The sour punch of spirit sweat
turned her guts like a glass key
turns in a furnace at the end of tongs
as she entered the Green Pub.
Rows of scowl softened
as they clocked her at the bar.
She breathed out a question
to the barman's raised brow
and her breath met only
another a question:
　'wherr ye fae yirsel hen?'
The pub's one other woman
needled her neck oot thi edj-ae-ur-ee.
Mascara smudge.
Leather jacket.
Mouth twitch.
Even she knew, though new here
that the stars were misaligned.
The leather shifted closer,
rose with broad shoulders:
　'ye luikin firra fukin boayfrend then?'
The pub let a sad sigh, it
felt in its rafters
that Govanhill
had missed a chance.

Govanhill Mythology

4.

Thi flat wis a void fur yeers,
white waws an dust. Thi
leathury hing kurl't wi a pen
in thi high ceilin'd
frunt ruim an
scratcht hings doon oan papir
while luik'n oot.

Shi left thi flat at nicht
rether'n bi face'd wi ur ain eyes
'n thi windae reflekshin
an saw thi mad gross
abundant lyfe pulsin
in an oot thi klose doors.

Shi heard thi trebly rasp
ae thi derk insekt swarm
aer thi pond 'n thi park
'n thi moist warm err.
Noted thi hunch'd burds pek'n
an rats lurk'n up thi sides.

That time steeped ur lik a forgotten Tetley bag
shi groo thin dry wings that dug at ur bak
ur lang, broon fingurs lowped fae haud'n thi pen.

Ur eyes sank bak then
ev'ry night strainin
at thi men that smoaked
an peered up at ur
ootside thi auld pub.

Achin self, bak pain
eternity 'n dust.

Then thi yeers ae thi men
kame an went. Serious men
wi thur blak klaithes
thur lethur buiks
thur various whyte collurs.
Thae spake an disturb'd thi silence.

Wen thi serious men
kleent thi ka'it waws
they fun thum ka'it again
wi wurds an poeyums
they kleent thi wurds tae
aw thi yeers an yeers
swept awiy in minits.

Wan mornin shi open't ur eyes
open't thi windaes

thi auld men
thi aphid swarm
thi pek'n burds
wir gone.
Anely shi stiyed oan.

Govanhill Mythology

5.

In thi fourth flair white ruim
dust rippuls throo
ye hear a nail skrape
in thi koarnir but
ye don't turn yur heid
tae look, yur spine priks,
ye sook

in err yur boots klik
uptae thi vast windae
ye look
doon oan Vicky Road.
Thi richt's a slow baristinkroach
Tae thi left is empty space
n'enn ahint ye, a kroak
yir nekk loaks in fear.
Ye knoa thi beast is therr.
Ye seen it wance.
oot thi edj ae yir ee.
Smell't its ancient reek.

Aheid's thi Green Pub
refuge ae thi glottal stoap
ootside 'n thi dry err
thi punturr's smoak an stoop
thur whyte shirts fadeed
they staun oan thi edj ae toon
atween thi space an thi koffae.

Ye heeur thi hing ahint ye rear.
This beest
who wis made in osmosis
fae diskardeed muscles
hard fae smoak'n
'n glottal stoap'n

gant'n ae Guinness soaked chips
that's bin here synce yoo huv
its klaws gripp thi flerr
as if tae pownce
but nutt'n komes.

In thi end
yur whale boady turns
   but thirr's
          anely:
streeks
      in thi dust
left bi its knuckuls
      an bill
that seem tae reed:

"G...u
  i..d
    bi
      e...
        Gov
          anh
            ill".

Govanhill Mythology

Mocheirigh

Dhèanainn mocheirigh
mus biodh glasadh air an latha
dh'fhàgainn cuirp shrannach
mo mhnà 's mo leinibh
agus choisichinn a dh'obair
ann am marbh a' gheamhraidh
tron bhaile mhòr fhàsach.

Ged a loisgeadh an sgìths
anns gach ball-bodhaig
bhiodh m' aire air a glacadh
le guthan saoghal na Gàidhlig
am fònaichean-cluais' a' chlàradair
ris an èistinn gu dlùth
air an t-slighe uabhraidh.

Bhiodh iomradh soilleir Màiri
a' tarraing uisge faisg air Càrnan
ga mo thoirt air falbh
bho fhàsalachd na maidne
Ò ach gun tarrainginn-sa
à tobar ann an Uibhist
seach gròsaireachd ghrànnda
à làraidh mheirgeach Shainsburaidhs.

Ghabhainn farmad dian-ùidh
ri sgoilearachd Meg Bateman
shaoilinn gun robh a h-eòlas
mar fhreumh na h-eanchainn
a' cur taic ri faclan iriosail
fon an do ghlac mi èiginneachd
a b' aithne dhomh's a bh' orm
ach na freumhan a dhìth
sin a shaoilinn san dol seachad

air na togalaichean neo-chleachdte
agus sgudal grod càrnta
air an robh mi mion-eòlach.

Chithinn m' anail ceòthach
mar a dh'ath-aithrisinn air cainnt
Choinnich Mhòir 's Alasdair Ruaidh
air ruitheam 's blàths an còmhraidh
gun glacainn criomag dheth
san dol thairis air an drochaid
far am falbhadh an trèana.

Ruiginn a' bhùth mhòr an sin
na for-uinneagan fosgailte
agus mu dheireadh thall
bhiodh an latha air glasadh tharam.

Chuirinn asam
na fònaichean-cluaise
chluinninn eòin a' bìogail
agus crònan garbh
na làraidh-lìbhrigidh
ghabhainn m' anail
agus bhiodh obair latha
a' tòiseachadh.

Govanhill Mythology

Bak-Kourt Gowd Egg

Wee mute twisted
mooth
hauf smile in effurt
an hope, quiverin.

Twa blui ees
gleem unblinkin
at thi hing
ineez palm.

Stubby fingirs
krush suddenly
whit sekonds ago
wis a gowden bak-kourt egg.

Shiverin kauld yoak
dribbles, silviry white
runs, thi wee mute barra
's moan spredds

thru thi err, ach eh
nevir ment a fuk-
in hing eez
innocent yern
tookum therr.

Ùgh Òir a' Ghàrraidh-**chùil**

Beul cam balbh
leth-ghàire le oidhirp
agus dòchas, air chrith.

Dà shùil ghorm
a' spleuchdadh gun phriob
air na bha na bhois.

Pronnaidh corragan stubach
gu h-obann na bha na ùgh òir
diogan air ais

Gealagan glas' a' ruith
agus gris-fhuachd air, agus
sgread a' bhalaich a' sgaoileadh

tron adhar, cha robh
droch rùn fa-near dha 's ann
thug fadachd thuige e.

Govanhill Mythology

Earball Nathrach-òrain

Air oidhcheannan àraidh
  shnàigeadh òran à beul
    mar easgann dheàlrach
      a chruth a' sìor-shìoladh às
        beò air braich dhealanach.
          thogadh cluasan an aire mar
          's gun robh uisge a' cagairt
          ri taobh an adhbrainn.
            Theannaicheadh an seòmar
            mu thimcheall air
            a' tarraing na h-àirneis
          chun a rathaid.
        na shireadh is na
      chruthachadh mar aon,
    a' gluasad air falbh
   bho a thùs, a' seòladh an adhair
  dhan chluais, gun fhiosta dha an e
uisge torrach no neach nan spuirean
a dh'fhanas na
  broinn. Leigeadh puingean ìosal
    asta mar theangannan,
      bhloighicheadh feadhainn àrda,
        na bh' air fhàgail gan
          seargadh. Fhad 's a shearg,
          gan luaithreachadh,
            cinn-bhoiteig a' snàgail
              nan àite, an sàs
            ann an òmar
            an cruthan sgleòthach,
          an anail dheireannach
        glèidhte, an tùsan caithte
      o chionn fhada.

Song Worm

On certain nights
  a song snaked
    from a mouth
      like coiled steps
        collapsing, eating its own
       tail, tapering seconds.
        live on malt breath
         it seemed to pull
           furniture into its path
         weaving, raising neck
       hairs as grass
      whispering beside
     a bare calf. Seeking
    from its conception,
   it formed and moved out
of its source, navigating
  the air towards
   the cave of an ear,
     oblivious to whether
       a mouse or mongoose
        might listen inside.
        Low notes lolled
         flat as tongues,
          high ones halved
          and reached
            for a familiar hand

Govanhill Mythology

before ageing
    and fading.
        Faded,
            they seemed less
                a snake than
                    a worm stuck
                        in amber: warped,
                  blurred, last
              gasp preserved
            source long
        extinguished.

Teef

    Staunin oan a metal sheet
propelled aheed bi sum foarce
yir heid doon an jaw klencht
aroon ye is a derk rid tunnel
that's enkased Vikky Road.
    Stalaktites hing aw roon lit perfekt teef.
Ye pass some boadies, derk at first
but when thi dim licht hits
ye see thir yir pals an past teechurs.
    They aw keek as yir dragged alang
sum suspiecious, sum piteous.
Wan hauds a kerdboard sign:
    'it isn't fair but it is ugly
to be bitter about it.'
    Thi tunnel narras doon, thi licht
fades, thi stalaktites ae teef git bigger.
Thi last watchir is yir gran: sittin doon,
eyes hauf shut, smokin a fag thru falsers.
A big toothy stalaktite skrapes yir skin.
Anothir drags acroase yir heid
juist when thirr aboot tae konsume ye:
POP.
    Thi tunnel is gone, ye've been born.
It's kauld an thi skrapes sting.
It's pishin doon, but ye see
    hunners ae places tae hide in.

Govanhill Mythology

Roimhe?

Gun do dh'èirich sgòth
fàile dibhe 's toite
o chionn làithean, dheicheadan,
theaghlaichean air ais
a ghabh a-steach gu cuinnleanan
a shnàg mar bhiastagan
ann an ùir na h-eanchainn.
Gun do sgread bodhaigean
mar starragan an aghaidh
iom-tharraing bhrùideil.
Gun cualas caoinean
a' tolladh bhallachan
ann am flataichean a' cheathramh ùrlair.
Gum facas diabhlan
deugach a' sealg fhear le breigichean.
Mu fhichead bhliadhna?

Bhiodh tu nad shìor-shaor-thuiteam
gus na bhuail thu an làr le buille
do cheann làn bhoiteagan dighe
shuidheadh tu nad chochall-fallais
fad sheachdainean air chrith.

Ach aon latha bhiodh solais
a' chafaidh ùir lasta
    orains, doilleir agus blàth.
Bhiodh sùilean a' Bhariosta làn mire.

Rinn iad an obair, dh'fhàg iad
leugh agus pheant iad.
Fhuaireadh fàile agus fàilte
a' chofaidh dhuibh dhiubh
seach fàile chlodan-cùraim.
Shealladh tu air gach aodann

gun smùr, gach fiacaill
ghleansach dhìreach gheal
agus shuaineadh blàths umad
gun rachadh tusa dhachaigh
às dèigh beagan cofaidh
gun dèanadh tu fhèin ruideigin ùr.

Govanhill Mythology

Myth 13

Thi haunff
        lyynnchees
its nervvs ur et
        ched
wwi thi ttime yyt gripped
thi erm ae thi wee pal too reuch.
Thi kauld ae thi underfed
        mussle thi bruised,
skyyn grafftyyd tae its DeeNNae.
This haun wis twelv when yyt
              held a lang absince
hurlt a hoast akroass thi playgrun
fowerteen when yyt bruised
syyxxteen when they kut thi fayce
when yyt touched thi thretts they made
wryytten in perrmyy oan eez liv
              vin ruim wwaw
syyvventeen gripped a gunwepp'n.
Thi haun yyzz thi tentakul ae thi Skwid
thyyt drank deep thi lyynes
thae inks an klencht mussles
whuise thoachts wir pushed
bi thi faminn an thi krown
bi thi priestt an tinned fuid
thae frequencies ae growl
that yyt saw an herd
inn gGovanhill
yyt that..partikular
time.

About the Author

Shane Johnstone is a Glaswegian poet, translator and novelist. His poetry in Gaelic, Scots and English has been widely published in Scotland, and his first novel was published by Arkbound Publishing in 2020. He is the father of two boys, is a Gaelic nursery practitioner and translates from French.